詩《し》をつくろう

2

詩《し》のくふうを楽《たの》しもう

ことばあそび・ことばさがし

和合亮一 監修

汐文社

はじめに

「詩《し》」って何《なに》？

みなさんは、「詩《し》」と聞《き》いて、何《なに》を思《おも》いうかべますか？

何《なん》となくむずかしいなあというイメージをもっている人《ひと》が、たくさんいるのではないでしょうか。

しかし、詩《し》はとっつきにくいものではありません。「詩《し》」とは、「自然《しぜん》やできごとなどから受《う》けた感動《かんどう》を、リズムをもつ言語《げんご》で表現《ひょうげん》したもの」といえますが、そんなにかたくるしく考《かんが》えなくてよいのです。

というのも、詩《し》を書《か》くのにルールはなく、まったくの自由《じゆう》だからです。

思《おも》ったことを、すなおにことばで表現《ひょうげん》してみませんか。

とはいえ、いきなり「詩《し》に親《した》しんでみましょう」「詩《し》を書《か》いてみましょう」といわれても、何《なに》をどうすればよいのか、わからないと思《おも》います。

そんなみなさんのために、この本《ほん》では、詩《し》の親《した》しみ方《かた》、書《か》き方《かた》のヒントを示《しめ》しています。

第《だい》2巻《かん》では、詩《し》で使《つか》われている表現《ひょうげん》のくふうや、ことばあそびなどについて学《まな》んでいきます。

それでは、肩《かた》の力《ちから》をぬいて、楽《らく》な気《き》もちで詩《し》の世界《せかい》をのぞいてみましょう。

もくじ

詩《し》を読《よ》んでみよう

焚火《たきび》

北原《きたはら》 白秋《はくしゅう》

一《いち》

落葉焚《おちばた》けばおもしろ、
櫟《くぬぎ》の葉《は》はふすふす。
萱《かや》の葉《は》はちよろちよろ、
松《まつ》の枯葉《かれは》はぱちぱち。

二《に》

ひとりで焚《た》く落葉《おちば》を

四《よん》

くぬぎの燃《も》ゆるにほひ(におい)は
くぬぎの枯《か》れし香《か》ぞする。
ただそれだけの事《こと》さへ(え)、
うれしや、冬《ふゆ》はさみしや。

五《ご》

落葉焚《おちばた》き焚《た》き、
ただ遠々《とほどほ》(とおどお)と見《み》てゐ(い)つ。
赤《あか》い女松《めまつ》のまばらに、

ひとりで嗅《か》げばおもしろ、
山《やま》のにほひ《(におい)》がする、
あの頃《ころ》のにほひ《(におい)》がする。

三《さん》

落葉《おちば》焚《た》き焚《た》き、
ひとり遊《あそ》ぶこころの
何《なに》か果敢《はか》なくなりけり。
もひとつ強《つよ》く燃《も》さう《(そ)》よ。

をり《(お)》ふし明《あけ》る日《ひ》あたり。

六《ろく》

落葉《おちば》焚《た》くかたへ《(え)》に
見《み》つけてふともうれしや、
竜胆《りんだう》《(りんどう)》が蕾《つぼ》んでゐ《(い)》る。
二《ふた》つづ《(ず)》つふくらんでゐ《(い)》る。

七《なな》

萱《かや》がよう燃《も》えるわ、
あたたかいぞ、あたたかいぞ、
と、云《い》うては見《み》れど、やつぱりさみしい。
黙《だま》つてばかりゐ《(い)》ずとも、何《なに》か云《い》へ《(え)》、お前《まへ》《(まえ)》も。

前《まえ》のページの詩《し》を読《よ》んで、ようすを思《おも》いうかべてみましょう。

季節《きせつ》はいつだろう？

たき火《び》をする季節《きせつ》はいつかを考《かんが》えればわかりますね。また、詩《し》のなかにいくつかのヒントをさがすこともできます。

たき火《び》とは、地面《じめん》に落《お》ちている枯《か》れ葉《は》や枝《えだ》を一《いっ》カ所《しょ》に集《あつ》めて、燃《も》やすことです。

何時《なんじ》ごろだろう？

詩《し》のなかに時間《じかん》が書《か》いてありません。あなたが読《よ》んだ印象《いんしょう》で、自由《じゆう》に想像《そうぞう》してみましょう。

どんな天気《てんき》だろう？

たき火《び》をするのはどんな天気《てんき》のときかを考《かんが》えれ

❖この詩《し》には、むかしのかなづかい（歴史的《れきしてき》かなづかい）が使《つか》われています。現代《げんだい》かなづかいは、文字《もじ》の横《よこ》にかっこ書《が》きで入《はい》っています。

ば、何《なん》となく想像《そうぞう》できるかもしれません。

場所《ばしょ》はどこだろう？

たき火《び》をする場所《ばしょ》はどんなところか、想像《そうぞう》してみましょう。

これはむかしの詩《し》ですので、今《いま》とは事情《じじょう》がちがいます。むかしは、道《みち》でたき火《び》をしている光景《こうけい》をよく見《み》かけましたが、今《いま》は限《かぎ》られた場所《ばしょ》でしかたき火《び》ができません。

どんなようすをイメージしますか？

この詩《し》を読《よ》んで、たき火《び》をしているようすを想像《そうぞう》してみましょう。また、いろいろな植物《しょくぶつ》の名前《なまえ》が出《で》てきます。それぞれがどのように描《えが》かれているのかを、書《か》き出《だ》してみるのもよいでしょう。

❖たき火《び》をすることが認《みと》められている場所《ばしょ》でも、子《こ》どもがひとりでたき火《び》をするのはきけんです。かならず大人《おとな》の人《ひと》といっしょにやりましょう。

詩《し》のくふうを楽《たの》しもう

詩《し》を読《よ》みながら、その詩《し》に使《つか》われている表現《ひょうげん》のくふうを学《まな》びましょう。

秋《あき》の夜《よ》の会話《かいわ》

草野《くさの》 心平《しんぺい》

さむいね。
ああさむいね。
虫《むし》がないてるね。
ああ虫《むし》がないてるね。
もうすぐ土《つち》の中《なか》だね。
土《つち》の中《なか》はいやだね。
痩《や》せたね。
君《きみ》もずいぶん痩《や》せたね。
どこがこんなに切《せつ》ないんだろうね。
腹《はら》だろうかね。
腹《はら》とったら死《し》ぬだろうね。
死《し》にたかあないね。
さむいね。
ああ虫《むし》がないてるね。

気《き》になる表現《ひょうげん》をさがしてみよう

6ページの「焚火《たきび》」も右《みぎ》ページの詩《し》も、文《ぶん》をみじかく切《き》って行《ぎょう》をかえています。どういう効果《こうか》があるか、考《かんが》えてみましょう。

また、ほかにも気《き》になる表現《ひょうげん》がないか、見《み》つけてみましょう。

だれの会話《かいわ》か考《かんが》えてみよう

この詩《し》は会話《かいわ》でできています。では、会話《かいわ》をしているのはだれでしょうか？

「虫《むし》がないてる」「もうすぐ土《つち》の中《なか》」などのことばをヒントに、想像《そうぞう》してみましょう。

どんなようすをイメージしますか？

この詩《し》を読《よ》んで、どんな情景《じょうけい》が頭《あたま》に浮《う》かびますか？　想像《そうぞう》してことばにしてみましょう。

❖文《ぶん》をみじかく切《き》って、行《ぎょう》をかえる詩《し》の表現《ひょうげん》を「行分《ぎょうわ》け」といいます。リズムや余韻《よいん》をあたえたり、下《した》に空白《くうはく》をつくってイメージを広《ひろ》げやすくしたりします。

草野心平《くさのしんぺい》は、「かえるの詩人《しじん》」と呼《よ》ばれているんだって
会話《かいわ》が全部《ぜんぶ》「ね」で終《お》わっていて、リズム感《かん》が出《で》ているわ

もしも春《はる》が来《こ》なかったら

与田《よだ》準一《じゅんいち》

もしも春《はる》が来《こ》なかったら、
みんなは誰《だれ》にどなるだろ。
――ぐずぐずしないで春《はる》よ来《こ》い。

もしも春《はる》が来《こ》なかったら、
麦《むぎ》や菜《な》っぱが枯《か》れるだろ。
――早《はや》く来《き》とくれ、春《はる》よ春《はる》。

もしも春《はる》が来《こ》なかったら、
そのときハッキリわかるだろ。
――春《はる》がどんなにだいじなか。

気《き》になる表現《ひょうげん》を見《み》つけてみよう

3行《ぎょう》の文《ぶん》がひとまとめとなって、いくつもならんでいます。その表現方法《ひょうげんほうほう》には、どういう効果《こうか》があるか考《かんが》えてみましょう。

また、それぞれ3行《ぎょう》めは線《せん》(ダッシュ)を引《ひ》いて、文字《もじ》を下《さ》げています。この効果《こうか》についても考《かんが》えてみましょう。

もしも春《はる》が来《こ》なかったら、
誰《だれ》かはきっと泣《な》くんだろ。
——ああ霜焼《しもやけ》がいたいんだよ。

もしも春《はる》が来《こ》なかったら、
暦《こよみ》は羊《ひつじ》に食《た》べさしょか。
——そしたら怒《おこ》って来《く》るかしら。

ひとつのかたまりを「連《れん》」というんだって
連《れん》と連《れん》のあいだは1行《ぎょう》あけるんだね

どんなようすをイメージしますか？

この詩《し》を読《よ》んでイメージしたことを、ことばにしてみましょう。

うみと　わたし

岸《きし》田《だ》　衿《えり》子《こ》

うみが　りょうてを　ひろげて
はしってきたから
わたしも　りょうてを　ひろげて
はしっていったの

うみが　しゃらしゃら
なみで　くすぐったから
わたしも　しゃらしゃら
くすぐってあげた

うみが　さよなら　さよなら
てをふったから
わたしも　さよなら　さよなら
てをふってあげた

気《き》になる表現《ひょうげん》を見《み》つけてみよう

「うみが　りょうてを　ひろげて」などのように、人《にん》間《げん》ではないものが、人間《にんげん》のようにふるまうようすを表現《ひょうげん》しています。このような表現方法《ひょうげんほうほう》を「擬人法《ぎじんほう》」といいます。

この詩《し》では、海《うみ》が人間《にんげん》のようにふるまうことで、どのような効果《こうか》があるのか、何《なに》をあらわしているのかを考《かんが》えてみましょう。

「直喩《ちょくゆ》」「隠喩《いんゆ》（暗喩《あんゆ》）」についても知《し》っておこう

擬人法《ぎじんほう》に似《に》た表現方法《ひょうげんほうほう》に「直喩《ちょくゆ》」と「隠喩《いんゆ》（暗喩《あんゆ》）」があります。

たとえば、「空《そら》のような青《あお》」「子《こ》どもみたいなむじゃきな笑顔《えがお》」など、「まるで〇〇のよう」「〇〇みたいな」であらわされる表現《ひょうげん》を「直喩《ちょくゆ》」といいます。また、「かれは悪魔《あくま》だ」「時《とき》は金《かね》なり」のように、「〇〇のよう」ということばを使《つか》わない表現《ひょうげん》もあります。これは、

「りょうてを　ひろげて」は、波《なみ》がせまってくるようすをあらわしているのかしら？

「隠喩《いんゆ》」あるいは「暗喩《あんゆ》」といいます。
「擬人法《ぎじんほう》」「直喩《ちょくゆ》」「隠喩《いんゆ》（暗喩《あんゆ》）」をまとめて、「比喩《ひゆ》」といいます。

「比喩《ひゆ》」で文《ぶん》をつくってみよう

ここで、「擬人法《ぎじんほう》」「直喩《ちょくゆ》」「隠喩《いんゆ》（暗喩《あんゆ》）」を使《つか》って、何《なに》か文《ぶん》をつくってみましょう。ひとつの文章《ぶんしょう》になっていてもいいですし、「〇〇のような××」だけでもかまいません。自由《じゆう》につくってみてください。

どんなようすをイメージしますか？

この詩《し》を読《よ》んでイメージしたことを、ことばにしてみましょう。

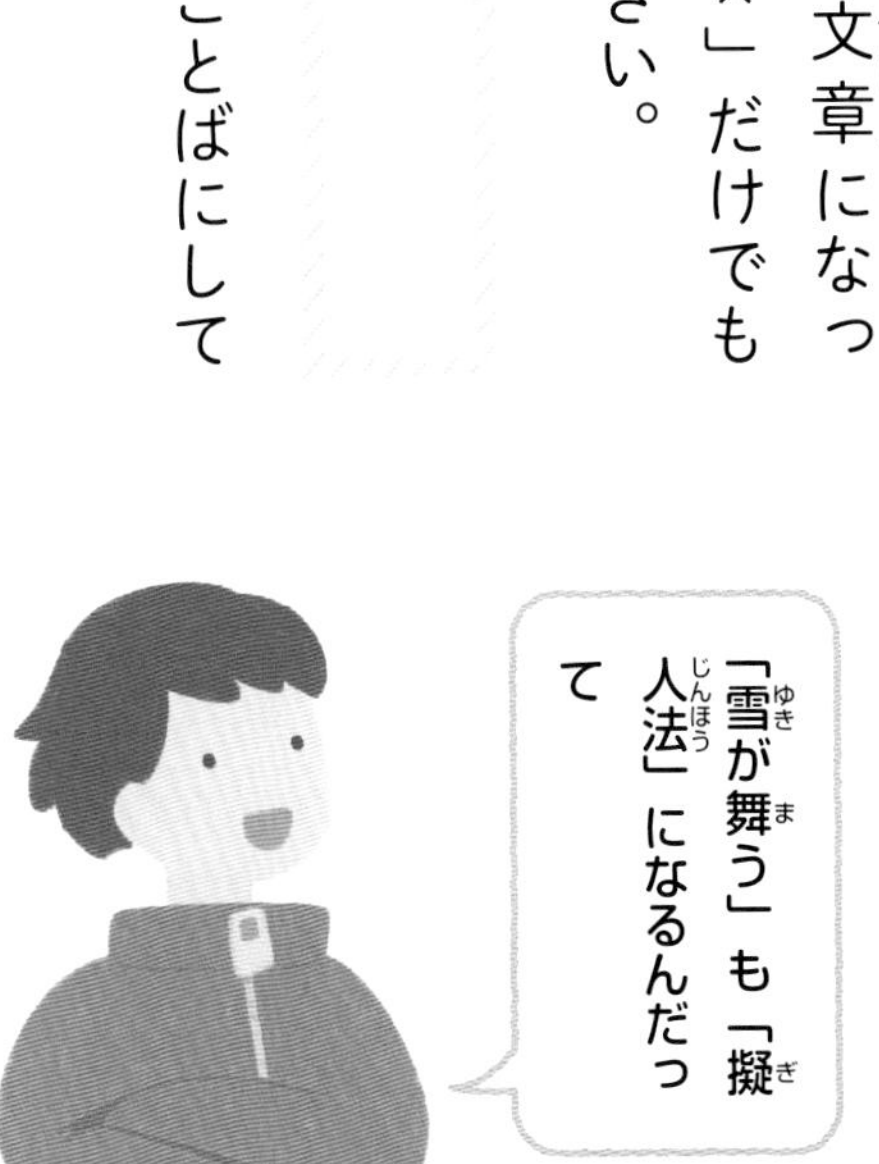
「雪《ゆき》が舞《ま》う」も「擬人法《ぎじんほう》」になるんだって

はだか

若山《わかやま》 牧水《ぼくすい》

裏《うら》の田圃《たんぼ》で
水《みず》いたづ《(ず)》らをしてゐ《(い)》たら
蛙《かえる》が一疋《いっぴき》
草《くさ》のかげからぴよんと出《で》て
はだかだ　はだかだと鳴《な》いた
やい蛙《かえる》
お前《まへ(まえ)》だつてはだかだ

けむり

まど・みちお

おちばを　たくと
木《き》の　おもいでが
けむりに　なって　おきだしてくる
空《そら》を　たずねていって
こずえを　つくろうと
えだを　ひろげる
えだを　ひろげる

小鳥《ことり》たちが
すきだったように　するために
あれこれ　考《かんが》えまどいながら
それは　もう
いろいろに

気《き》になる表現《ひょうげん》を見《み》つけてみよう

「やい蛙《かえる》」や「いろいろに」など、気《き》になる表現《ひょうげん》がいくつか出《で》てきます。このような表現《ひょうげん》のくふうには、どんな効果《こうか》があるのでしょうか。

「やい蛙《かえる》」のように、客観的《きゃっかんてき》な文《ぶん》のなかに、「**呼《よ》びかけ**」といわれる表現《ひょうげん》を入《い》れることで、強《つよ》くうったえる効果《こうか》をもたせています。

また、「いろいろに」などのように、わざとことばをはぶいて、余韻《よいん》を残《のこ》す効果《こうか》をねらった表現《ひょうげん》のくふうを「**省略法《しょうりゃくほう》**」と呼《よ》びます。

「えだを　ひろげる／えだを　ひろげる」のように、同《おな》じことばや似《に》たことばの「**くり返《かえ》し**」をする表現《ひょうげん》方法《ほうほう》には、ことばを強調《きょうちょう》したり、リズムをあたえたりする効果《こうか》があります。

❖水《みず》いたづ《（ず）》ら……水《みず》あそびのこと。

❖疋《ひき》……「匹《ひき》」と同《おな》じ。むかしは「疋《ひき》」という漢字《かんじ》も使《つか》われていた。

「いろいろに」のつづきが気《き》になるね

「呼《よ》びかけ」「省略法《しょうりゃくほう》」「くり返《かえ》し」で文《ぶん》をつくってみよう

ここで、「呼《よ》びかけ」「省略法《しょうりゃくほう》」「くり返《かえ》し」を使《つか》って、何《なに》か文《ぶん》をつくってみましょう。どれかひとつでもいいですし、全部《ぜんぶ》使《つか》ってもかまいません。自由《じゆう》につくってみてください。

どんなようすをイメージしますか？

これらの詩《し》を読《よ》んでイメージしたことを、ことばにしてみましょう。

道程《どうてい》

高村《たかむら》 光太郎《こうたろう》

僕《ぼく》の前《まえ》に道《みち》はない
僕《ぼく》の後《うし》ろに道《みち》は出来《でき》る
ああ、自然《しぜん》よ
父《ちち》よ
僕《ぼく》を一人立《ひとりだ》ちにさせた広大《こうだい》な父《ちち》よ
僕《ぼく》から目《め》を離《はな》さないで守《まも》る事《こと》をせよ
常《つね》に父《ちち》の気魄《きはく》を僕《ぼく》に充《み》たせよ
この遠《とお》い道程《どうてい》のため
この遠《とお》い道程《どうてい》のため

これまでに出《で》てきた表現《ひょうげん》のくふうを見《み》つけてみよう

右《みぎ》の詩《し》には、これまでに紹介《しょうかい》した表現《ひょうげん》のくふうのうち、いくつかが使《つか》われています。さがしてみましょう。

気《き》になる表現《ひょうげん》を見《み》つけてみよう

ほかにも、気《き》になる表現《ひょうげん》を見《み》つけてみましょう。

たとえば、はじめの2行《ぎょう》のように、似《に》たことばや文《ぶん》を対《つい》になるようにならべた表現《ひょうげん》のくふうを「**対句**《ついく》」といいます。

また、「この遠《とお》い道程《どうてい》のため」は、文《ぶん》の流《なが》れからすると、「僕《ぼく》を一人立《ひとりだ》ちにさせた広大《こうだい》な父《ちち》よ」のあとにくるのがふつうです。このように、ことばの順序《じゅんじょ》を入《い》れかえて、強《つよ》い印象《いんしょう》をあたえる表現《ひょうげん》のくふうを「**倒置法**《とうちほう》」といいます。

❖道程《どうてい》……道《みち》のりのこと。

❖「気魄《きはく》」「充《み》たす」は、それぞれ「気迫《きはく》（相手《あいて》に立《た》ちむかっていく強《つよ》い気持《きも》ち）」「満《み》たす」と同《おな》じ。

答《こた》えはないの？
正解《せいかい》を出《だ》すことより、「どれかな」ってさがすことが大事《だいじ》なんだって

あした

石《いし》津《づ》ちひろ

あしたのあたしは
あたらしいあたし
あたしらしいあたし

あたしのあしたは
あたらしいあした
あたしらしいあした

気《き》になる表現《ひょうげん》を見《み》つけてみよう

声《こえ》に出《だ》して右《みぎ》の詩《し》を読《よ》んでみると、詩《し》にリズムを感《かん》じるでしょう。このように、行《ぎょう》のはじめやおわりを同《おな》じ音《おん》でそろえてリズム感《かん》を出《だ》す表現《ひょうげん》のくふうを、「**押韻**《おういん》」（韻《いん》をふむ）といいます。

また、「あたらしいあした」のように、行《ぎょう》を体言《たいげん》（名詞《めいし》）で終《お》わらせる表現《ひょうげん》を「**体言止**《たいげんど》**め**」といい、ことばを強調《きょうちょう》したり、余韻《よいん》をあたえたりします。

韻《いん》をふんでみよう

この詩《し》のように、韻《いん》をふんだ文《ぶん》をつくってみましょう。どんなテーマでも、どんなことばでも、何《なん》でもかまいません。自由《じゆう》に韻《いん》をふんでみてください。

どんなようすをイメージしますか？

この詩《し》を読《よ》んでイメージしたことを、ことばにしてみましょう。

まるでラップを歌《うた》っているみたいだね
何《なん》となく、前向《まえむ》きになれるような感《かん》じがするわ

詩《し》のことばあそび

詩《し》のなかには、いろいろなかたちで、ことばあそびをしているものがたくさんあります。いくつか紹介《しょうかい》しましょう。

いるか

谷川《たにかわ》 俊《しゅん》太郎《たろう》

いるかいるか
いないかいるか
いないいないいるか
いつならいるか
よるならいるか
またきてみるか

いるかいないか
いないかいるか
いるいるいるか
いっぱいいるか
ねているいるか
ゆめみているか

「いる」と「いるか」をかけた、「ごろあわせ」だね
どこにアクセントをおくか考《かんが》えて読《よ》まないといけないわ

き

谷川《たにかわ》 俊《しゅん》太郎《たろう》

なんのきこのき
このきはひのき
りんきにせんき
きでやむあにき

なんのきそのき
そのきはみずき
たんきはそんき
あしたはてんき

なんのきあのき
あのきはたぬき
ばけそこなって
あおいきといき

声《こえ》に出《だ》して読《よ》んでいたら、舌《した》をかみそうになった
これも「押韻《おういん》」かしら？

〈かたつむり〉

からはおもくて
たくさんあるくと
つかれるけれど
むりしてたてた
りっぱなおうち

和田《わだ》 誠《まこと》

❖この詩《し》には、もともとタイトルがついていませんが、便宜上《べんぎじょう》「かたつむり」というタイトルをつけています。

行《ぎょう》の頭《あたま》の文字《もじ》をつないだら、「かたつむり」になるわ
「りっぱなおうち」って、かたつむりのからのことだね

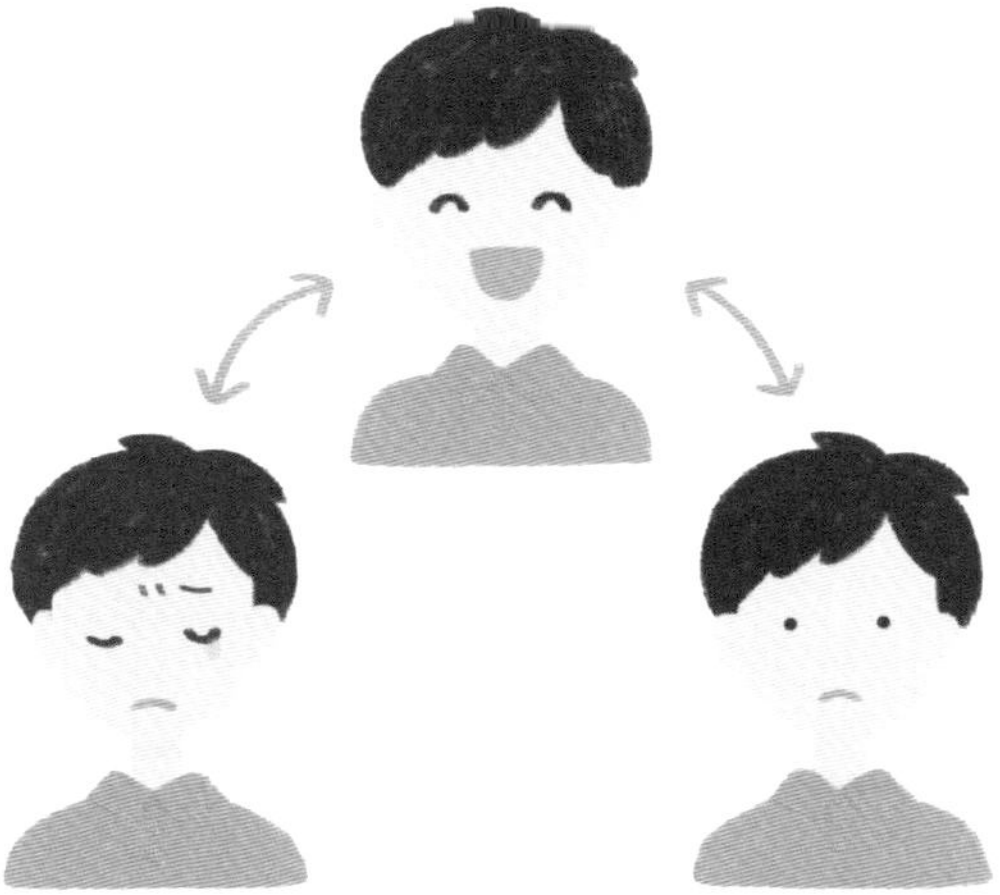

はんたいことば

原田《はらだ》 直友《なおとも》

「うれしい」の
はんたいことば
「いしれう」
「うれしくない」
「かなしい」

みんな
せいかい

いろいろな詩《し》の表現《ひょうげん》を見《み》てみよう

詩《し》には、ことば自体《じたい》にくふうをしたものだけではなく、見《み》せ方《かた》をくふうしたものなどもあります。いくつか紹介《しょうかい》しましょう。

なみ

内田《うちだ》 麟《りん》太郎《たろう》

へへへへへへへへへへへ
へへへへへへへへへへへ
へへへへへへへへへへへ
へへへへへへへへへへへ
へへへへへへへへへへへ
へへへへへへへへへへへ
へへへへへへへへへへへ
へへへへへへへへへへへ

うみがわらっている

「へ」で波《なみ》をあらわしているのね

ほんとうに海《うみ》がわらっているみたいだ

おもしろい！　1行《ぎょう》ずつ読《よ》みながら、階段《かいだん》をのぼりおりしている感覚《かんかく》になるよ

右《みぎ》と左《ひだり》の同《おな》じ文字数《もじすう》の行《ぎょう》が、「対句《ついく》」のようになっているのね

かいだん

関根《せきね》 栄一《えいいち》

だん
かいだん
かいだんだん
かいだんのぼるよ
かぞえてだんだんだん
とまってうえみてかいだん
かいだんだんのぼるよだん
いちばんうえだよたかいなかいだん
あちこちみえるよたのしいかいだん
かいだんだんだんおりるよだん
とまってしたみてかいだん
かぞえてだんだんだん
かいだんおりるよ
かいだんだん
かいだん
だん

天気《てんき》

草野《くさの》 心平《しんぺい》

（Qは声《こえ》をだしてよまないでください）

うわあ！
Qが集《あつ》まっている！

どうして、この詩《し》のタイトルは「天気《てんき》」なのかしら？

月《つき》

こやま峰子《みねこ》

雲《くも》のうんだ　たまご

蛇《へび》

ジュール・ルナール

岸田国士《きしだくにお》訳《やく》

ながすぎる。

これだけ？
みじかい！
みじかい文《ぶん》で、ちゃんと月《つき》やヘビをあらわしているわ

詩《し》のおくりものをしよう

詩《し》をえらぶ

この本《ほん》では、みなさんといっしょに、たくさんの詩《し》を読《よ》んできました。なかには、気《き》になった詩人《しじん》の詩集《ししゅう》を読《よ》んだ人《ひと》もいるでしょう。

そこで、読《よ》んだ詩《し》のなかから、気《き》に入《い》ったものを家族《かぞく》や友《とも》だちにおくってみましょう。

まず、詩《し》をえらびます。

この本《ほん》や気《き》になった詩人《しじん》の詩集《ししゅう》などから、おくられた相手《あいて》がよろこびそうなものをえらぶといいでしょう。

じゃあ、ぼくは、イルカがすきな友《とも》だちに、谷川《たにかわ》俊《しゅん》太郎《たろう》さんの「いるか」をおくろう

わたしは、お母《かあ》さんに、石津《いしづ》ちひろさんの「あした」をおくるわ

詩《し》をカードに書《か》く

メッセージカードなどに、えらんだ詩《し》を書《か》きうつしましょう。カードのうらや空《あ》いているところに、その詩《し》をえらんだ理由《りゆう》も書《か》きそえます。

カードをわたす

詩《し》を書《か》いたカードを、相手《あいて》にわたします。相手《あいて》にも自分《じぶん》あてのカードを書《か》いてもらい、カードを交換《こうかん》して、詩《し》を読《よ》みあってもいいでしょう。

絵手紙《えてがみ》をおくってみよう

遠《とお》くはなれたところに住《す》む友《とも》だちや祖父母《そふぼ》、親戚《しんせき》などに、詩《し》の絵手紙《えてがみ》をおくってみましょう。

はがきのうらに、えらんだ詩《し》を書《か》きうつします。そのとき、はがきいっぱいに書《か》かずに、3分《ぶん》の1くらいの空《あ》きをつくっておきます。

おばあちゃんには、どんな詩《し》がいいかなあ…

できた！
わあ、かわいい！ぜったいによろこばれるわ！

はがきの空《あ》いたところに、詩《し》を読《よ》んでイメージしたことを、絵《え》に描《か》いてみましょう。

作品名《さくひんめい》さくいん（五十音順《ごじゅうおんじゅん》）

作者名《さくしゃめい》さくいん（五十音順《ごじゅうおんじゅん》）

出典一覧

● 焚火（北原 白秋）『北原白秋詩集』（下）安藤 元雄 編（岩波文庫）
● 秋の夜の会話（草野 心平）『草野心平詩集』草野 心平 著（ハルキ文庫）
● もしも春が来なかったら（与田 凖一）『日本童謡集』与田 凖一 編（岩波文庫）
● うみと わたし（岸田 衿子）『へんなかくれんぼ』岸田 衿子 詩、織茂 恭子 絵（のら書店）
● はだか（若山 牧水）『若山牧水全集』（第九巻）若山 牧水 著（雄鶏社）
● けむり（まど・みちお）『まど・みちお少年詩集 まめつぶうた』まど・みちお 著、赤坂 三好 絵（理論社）
● 道程（高村 光太郎）『高村光太郎詩集』高村 光太郎 作（岩波文庫）
● あした（石津 ちひろ）『あしたのあたしはあたらしいあたし』石津 ちひろ 詩、大橋 歩 絵（理論社）
● いるか（谷川 俊太郎）『ことばあそびうた』谷川 俊太郎 詩、瀬川 康男 絵（福音館書店）
● き（谷川 俊太郎）『ことばあそびうた』谷川 俊太郎 詩、瀬川 康男 絵（福音館書店）
● 〈かたつむり〉（和田 誠）『ことばのこばこ』和田 誠 作・絵（瑞雲舎）
● はんたいことば（原田 直友）『詩はともだち ぱぴぷぺぽっつん』市河 紀子 編、西巻 茅子 絵（のら書店）
● なみ（内田 麟太郎）『うみがわらっている』内田 麟太郎 詩、斎藤 隆夫 絵（銀の鈴社）
● かいだん（関根 栄一）『にじとあっちゃん』関根 栄一 作、渡辺 三郎 絵（小峰書店）
● 天気（草野 心平）『草野心平詩集』草野 心平 著（ハルキ文庫）
● 月（こやま 峰子）『少年少女詩集 さんかくじょうぎ』こやま 峰子 詩、武田 淑子 絵（教育出版センター）
● 蛇（ジュール・ルナール 岸田 国士 訳）『博物誌』ジュール・ルナール 著、岸田 国士 訳（新潮文庫）

参考文献
『詩の寺子屋』和合 亮一 著（岩波ジュニア新書）
『詩のこころを読む』茨木 のり子 著（岩波ジュニア新書）
まるごとわかる国語シリーズ⑦『詩が大すき』阿部 洋子 著（岩崎書店）
『小学総合的研究 わかる国語』佐藤 洋一 監修（旺文社）

監修●和合 亮一（わごう りょういち）

詩人、国語教師。

1968年、福島県生まれ。福島県在住。1999年に第1詩集『AFTER』（思潮社）で第4回中原中也賞、2006年『地球頭脳詩篇』（思潮社）で第47回晩翠賞、2017年『詩の礫』（徳間書店）で第1回ニュンク・レビュー・ポエトリー賞（フランスにて、日本人初の詩集賞）、2019年『QQQ』（思潮社）で第27回萩原朔太郎賞を受賞。

2011年の東日本大震災では、勤務していた福島県伊達市の高校で被災。避難所で数日を過ごした後、自宅からツイッターで詩を発信し続け、大反響を呼ぶ。2015年、東日本大震災の犠牲者の鎮魂と原発事故からの復興を願う「未来の祀り ふくしま」の発起人となる。

おもな著書に、『詩ノ黙礼』（新潮社）、『詩の邂逅』（朝日新聞出版）、『詩の寺子屋』（岩波ジュニア新書）など。

装　　画●北原 明日香
装丁デザイン●西野 真理子（株式会社ワード）
本文イラスト●サキザキ ナリ
本文デザイン●佐藤 紀久子（株式会社ワード）
編 集 協 力●澤野 誠人（株式会社ワード）
制 作 協 力●株式会社ワード

詩をつくろう ②詩のくふうを楽しもう ことばあそび・ことばさがし

2020年2月　初版第1刷発行

監修者　和合亮一
発行者　小安宏幸
発行所　株式会社汐文社
〒102-0071　東京都千代田区富士見1-6-1
電話03-6862-5200　ファックス03-6862-5202
URL https://www.choubunsha.com
印　刷　新星社西川印刷株式会社
製　本　東京美術紙工協業組合

ISBN978-4-8113-2708-2